UN PETIT DE LA MOBILE

COMÉDIE-VAUDEVILLE EN DEUX ACTES

PAR MM. CLAIRVILLE ET J. CORDIER,

Représenté pour la première fois, à Paris, sur le théâtre des VARIÉTÉS,
le 7 Août 1848.

Prix : 60 centimes.

PARIS
BECK, ÉDITEUR
RUE GIT-LE-CŒUR, 12
TRESSE, successeur de J.-N. BARBA, Palais-Royal.

1848

UN PETIT DE LA MOBILE

COMÉDIE-VAUDEVILLE EN DEUX ACTES

PAR MM. CLAIRVILLE ET J. CORDIER,

Représentée pour la première fois, à Paris, sur le théâtre des VARIÉTÉS,
le 7 Août 1848.

PERSONNAGES.	ACTEURS.
MARCEL, vieil invalide.................................	M. Leclère.
MÈRE MARCEL, sa bru.................................	Mlle Pelagie.
JULIEN, petit-fils de Marcel...........................	M. Charles Perey.
MARIE, petite-fille de Marcel..........................	Mlle Virginie.
MAURICE, ouvrier....................................	MM. Kopp.
BESUCHET, propriétaire...............................	Gallin.
UNE ESTAFETTE	Ernest.
UN CAPITAINE DE LA GARDE MOBILE................	Vonlatun.
Gardes mobiles, Voisins et Voisines......................	

La scène se passe à Paris, au mois de juin 1848.

ACTE PREMIER.

Le théâtre représente une cour garnie d'arbres. — A gauche et à droite, au troisième plan, un corps de bâtiment, à celui de gauche une fenêtre praticable. Au fond, une grille ouvrant sur la rue. — A droite, au premier plan, une banquette de jardin; à côté un arrosoir; à gauche, quelques pots de fleurs vides; à côté, un grand chapeau de paille rond. — Au fond, à droite, contre la grille, une niche à chien.

Indications prises du spectateur.

SCÈNE PREMIÈRE.

MAURICE, MÈRE MARCEL, *sortant de la maison à droite.*

MÈRE MARCEL.

Que veux-tu que j'y fasse?.. C'est-y ma faute?

MAURICE.

Mais c'est encore moins la mienne.

MÈRE MARCEL.

D'ailleurs, t'as p't-être rêvé ça.

MAURICE.

Rêvé ça?.. — Quand je vous dis que c'est visible, qu'elle me reçoit comme un pestiféré.

MÈRE MARCEL.

C'est que tu lui auras fait quelque chose.

MAURICE.

Moi! qu'est-ce que vous voulez donc que je lui aie fait?... J' suis bête quand j' suis près d'elle que j'en fais pitié à moi-même... Tenez, j'ai de chance à rien... y en a qui ont du bonheur au jeu, ou en affaires ou en amour... moi, quand je joue au bouchon avec Julien; j' perds mon argent; quand je me remets à travailler, on me renvoie mon... quand j' demande un baiser à vot' fille, qu'est

ma future, elle ne me répond seulement pas; mais elle me regarde avec des yeux! mère Marcel, vous devez savoir ce que ça signifie, ces yeux-là ?

MÈRE MARCEL.

Pour la dernière fois, je te répète que je ne sais rien. Marie est une bonne fille qui t'aime bien... c'est demain que tu l'épouses... et, Dieu merci !.. car j'ai assez de mes autres tourments... Avec un garnement de fils comme le mien et un gueux de propriétaire qui me tourmente pour mes termes !

MAURICE.

Oh! les propriétaires !... J' les hais-t-y!...

MÈRE MARCEL.

J' vous demande un peu ce que fait ce Julien?.. Pourquoi qu'il n' vient pas ?

MAURICE.

Dame! c'est p'tre qu'il est d' service.

MÈRE MOREL.

Oui, d' service dans quelque rue, à jouer à des billes... et ça s'appelle un soldat !.. Ah! quelle différence avec le vieux père Marcel !

MAURICE.

Oh! minute! J' veux bien convenir qu'en qualité de soldat, Julien n' compte pas encore...mais, l' vieux père Marcel, il y a longtemps qu'il ne compte plus.

MÈRE MARCEL.

Parce qu'il est vieux et qu'il n'y voit goutte... mais fallait l' voir, quand j'ai épousé son fils, qu'était un soldat aussi, lui !... tandis qu' Julien...

MAURICE.

Ah ! damel... un p'tit d' la mobile, c'est pas un homme !... Mais patience, mame Marcel, patience.

Air : *Tout ça passe.*

L'Emp'reur à d' pareils moutards,
Confiait sa sauve-garde ;
A l'égal de ses grognards,
Il estimait sa jeun' garde,
On n' désespèr' que des lâches ;
Les mobil's sont des enfants,
Qui n'ont d' raison ni d' moustaches...
Mais ça pousse (*bis*). Tout ça passe en même temps.

MÈRE MARCEL.

Possible que tout ça pousse ; mais en attendant...

MAURICE.

Oui, en attendant, vot' fille me r'pousse.

MÈRE MARCEL.

Laisse-moi tranquille avec mes filles !... c'est bien assez de mes ennuis... Au revoir... (*Elle remonte.*)

MAURICE*.

Mais, mame Marcel...

MÈRE MARCEL.

Tâche de voir Marie, de t'expliquer avec elle... D'ailleurs, puisque demain elle sera ta femme, vous aurez du temps d' reste pour vous chamailler... à bientôt. (*Elle sort par le fond.*)

SCÈNE II.
MAURICE, *seul.*

Si c'est pas avoir du guignon !... y a toujours un pour un rien !... J' vous demande un peu ce qu'elle pouvait avoir hier, cette Marie !... faut qu'y ait un mystère là-d'ssous... queuque chose que toute la famille doit savoir et qu'on ne veut pas me dire... Oh ! saprisit!... je le saurai, et quand j' devrais... (*Ritournelle de l'air suivant.*) Julien !... v'la mon affaire... seulement faut m'y prendre avec adresse et en longueur...

SCÈNE III.
JULIEN, MAURICE.
JULIEN, *entrant par le fond en chantant.*

Air nouveau de M. J. Nargeot

Joyeux enfants de la garde mobile,
Soldats de seize ans, qu'on n'aurait cru bien petits,
Nous grandirons : Paris est notre ville,

* Mère Marcel, Maurice.

Et nous deviendrons grandir notre Paris.
Oui, nous serons,
Bientôt grands, et l'espoir
Qu'à la nature
Nous nous mesurerons.
Joyeux enfants, etc.

(*Apercevant Maurice.*) Ah ! bonjour, Maurice, mon p'tit Maurice, mon joli Maurice !... J' ai gagné dix sous hier, ça n' peut pas finir comme ça... je te dois une revanche et j' vais t'en regagner dix autres. (*Il ôte son képy et son sabre.*)

MAURICE.

Je ne suis pas en train d' jouer, j'ai du malheur !

JULIEN.

Si j'avais perdu, je ne dis pas, je respecterais ton malheur... mais, sans rire, j'ai gagné, et faut m' le rattraper... Allons, Maurice.

MAURICE.

Nous n'avons pas seulement de bouchon.

JULIEN.

J'en ai toujours un dans ma poche... J'vas faire la raie et marquer le but. (*Il fait la raie au deuxième plan à droite.*)

MAURICE, *à part*.

Au fait, en jouant, il m'écoutera peut-être mieux.

JULIEN.

Nous disons : la raie ici... et le bouchon là... (*Il place le bouchon à gauche, au premier plan.*) Aboule tes sous.

MAURICE, *lui donnant les sous que Julien place sur le bouchon***.

Un p'tit d' la mobile !, un soldat jouer au bouchon !

JULIEN, *débutant*.

Eh bien ! après... le bouchon, ça exerce le coup-d'œil... c'est presque une école de tir... Débute.

MAURICE, *après avoir débuté*.

Bon... encore le dernier !

JULIEN***.

Vois-tu, Maurice, c'est au bouchon comme en politique... y aura toujours des premiers et des derniers. (*Se plaçant pour jouer.*)

Air du Charlatanisme.

Au bouchon, chacun à ses droits,
Droits sans conteste et sans réplique ;
Les premiers c'est les plus adroits,
MAURICE.
C'est tout de même en politique,
JULIEN.
Les premiers, à ce jeu charmant,
Par une subtile tactique,

* Maurice, Julien.
** Julien, Maurice.
*** Maurice, Julien.

(Se plaçant.)
Se plac'ns d'abord bien gentiment...
(Il coupe; le bouchon tombe.)
Et puis ils ramassent l'argent.

MAURICE.

C'est tout de même en politique (bis).

JULIEN.

Là, te v'là encore avec tes idées!.. Quand j' dis les idées...

MAURICE.

Si je n' suis plus libre d'avoir une opinion...

JULIEN.

Ah! mon Dieu! des opinions, t'es libre d'en avoir trente-six... mais au moins faut-il qu'elles soient à toi... car, comme dit grand-papa Marcel, les opinions toutes faites, c'est comme les habits tout faits, ça ne va jamais bien... (Allant au bouchon.) C'est à moi de ramasser.

MAURICE*.

Un instant, il y en a trois au bouchon.

JULIEN, élevant la voix.

Du tout, à moi!

MAURICE, de même.

Non, non!.. (Ils se disputent.)

SCÈNE IV.

LES MÊMES, BESUCHET.

BESUCHET, paraissant à la fenêtre de gauche, la figure toute pleine de savon et tenant un rasoir à la main**.

Eh bien! eh bien! est-ce qu'il y a une émeute dans ma cour?

MAURICE, de même.

Par exemple! Celui-ci est au bouchon...

JULIEN, de même.

Ça n'est pas sûr... Il y a de la pige... Pigeons!

MAURICE, de même.

Pigeons... Mais c'est moi l' pigeon!..

BESUCHET.

Je ne me trompe pas... c'est ce petit polisson de Julien.

JULIEN, se sauvant à droite.

Le propriétaire! Aïe! aïe!

BESUCHET***.

Comment, gamin, ta mère me doit trois termes, et tu te permets de pousser des vociférations dans ma cour... Que faisais-tu là?

JULIEN, avec câlinerie.

Monsieur Besuchet, nous terminions une petite partie de bouchon...

BESUCHET.

Jouer au bouchon!.. dans la cour de mon tu-meuble!.. à mon nez et à ma barbe!.. (S'essuyant.) Allons, bon... je me suis coupé... Mais,

* Julien, Maurice.
** Julien, Maurice, Besuchet.
*** Maurice, Besuchet, Julien.

petit gueux, tu veux donc faire passer ma maison pour une maison de jeu!

JULIEN.

Tenez, Monsieur Besuchet, voici le coup... c'é-tait à moi de jouer...

Air : Ces postillons.

Visant d'une main exercée,
Pour lui donner une leçon,
Sur ma pièce la mieux placée
L'autre tombe à califourchon,
Et les trois sous sont au bouchon.
Et cependant je coupe par la base,
Et je coupe sans me tromper...

BESUCHET.

C'est en coupant, pendant que je me rase,
Que tu m'as fait couper (bis).

JULIEN.

Ah! bien fâché, monsieur Besuchet, ça ne m'ar-rivera plus.

BESUCHET.

Je l'espère bien, car aujourd'hui même je vous ferai tous déguerpir. (Il ferme brusquement sa fenêtre.)

SCÈNE V.

JULIEN, MAURICE.

JULIEN.

Au revoir, monsieur Besuchet!.. Je vous salue bien, monsieur Besuchet.

MAURICE.

Comment! tu salues ton propriétaire?..

JULIEN.

Écoute donc, voilà tout ce qu'il reçoit,... des saluts.

MAURICE.

Est-il heureux, ce Julien!.. toujours gai, tou-jours sans souci.

JULIEN.

Ne dirait-on pas que t'es bien à plaindre, toi qui vas épouser demain une jolie fille bien honnête, bien sage!..

MAURICE.

Veux-tu que je te dise, Julien, j' crois qu' ta sœur ne m'aime pas!

JULIEN.

Par exemple! toi, un ami, un frère, j' voudrais bien voir ça.

MAURICE.

Hier, comme d'habitude, j'étais venu lui faire ma petite visite, et en présence de ta mère et du grand-papa Marcel j' lui avais bien honnêtement demandé un p'tit baiser...

JULIEN.

Eh bien?

MAURICE.

Eh bien!.. elle m'a refusé avec un air singu-lier, et elle s'est mise à pleurer.

JULIEN.

Dame! aussi, tu n' lui demandes qu'un baiser... l'avant-veille d'un mariage on en demande plus que ça... Et puis, tu sais qu'elle se fond en larmes à la moindre des choses... (*Marie sort en pleurant de la maison à droite.*) Qu'est-ce que je te disais?

SCÈNE VI.
LES MÊMES, MARIE.

MARIE, *pleurant* *.

Oh! oh! oh! oh!..

JULIEN.

Eh bien! Marie, tu pleures encore... Tu pleures toujours!..

MARIE.

Si je pleure, c'est de joie de l'avoir échappé belle, va!

MAURICE.

Et peut-on savoir, Marie?...

MARIE, *avec une colère enfantine*.

D'abord, Monsieur, appelez-moi mademoiselle.

JULIEN.

Pour aujourd'hui soit... mais demain, ton seror, c'est pas la prétention...

MARIE.

Demain comme aujourd'hui : car je ne veux plus me marier!

JULIEN.

Ne plus te marier!

MAURICE.

Que signifie?

MARIE, *à Maurice*.

Comme cela vous aurez toute liberté d'aller au rendez-vous qu'on vous donne.

MAURICE.

Un rendez-vous, à moi!

JULIEN.

A lui!

MARIE.

Oui, Monsieur, à vous. Hier soir, pour jouer au bouchon avec Julien, vous aviez ôté votre veste, et il en est tombé un billet... et il y avait dans ce billet : « Rendez-vous demain jeudi, à minuit, à l'endroit convenu... »

MAURICE, *à part*.

Ah! la lettre de notre président!

MARIE, *à Julien*.

Ah! vois-tu, il se trouble... mais c'est pas tout... il y avait encore : « Soyez discret!.. »

JULIEN.

Y avait ça?

MARIE.

Y avait ça!

MAURICE.

Mais si vous saviez?..

* Julien, Marie, Maurice.

MARIE.

Et pas de signature!.. (*Elle pleure.*)

MAURICE, *riant*.

Ah! ah! ah!..

JULIEN, *passant à lui* *.

Il ne s'agit pas de rire, Maurice... ma sœur est ma sœur, et quand on lui fait du chagrin...

MAURICE, *confidentiellement*.

Comment! cette lettre... toi aussi, tu n' comprends pas...

JULIEN.

J' comprends qu'on te donne rendez-vous, et qu'on te recommande d'être discret...

MAURICE, *le tirant à part*.

Oui, mais qui?.. (*Bas.*) Faut-il te le dire?.. Les amis, tu sais...

JULIEN, *confidentiellement et avec reproche*.

Ah! Maurice! Maurice! (*A Marie.*) Allons, rassure-toi, sœur... maintenant j' sais c' que c'est... et, dans l'intérêt de Maurice, j'aimerais presque autant qu' ce soye une femme qui lui ait écrit...

MAURICE.

Par exemple, ne vas-tu pas croire!..

JULIEN.

J' crois qu' t'es bon, que t'es faible, et qu'en parlant à ton cœur, il est facile do... prends garde, Maurice, dans ton intérêt, dans l'intérêt d' ma sœur, de tous tes amis, prends garde!

MARIE.

Mais qu'est-ce donc?

JULIEN.

C'est rien... c'est-à-dire, c'est beaucoup... Maurice fait des sottises, et c'est ta faute!

MARIE.

Ma faute, à moi!

JULIEN.

Oui, petite sœur; t'es trop farouche avec Maurice... tu le désespères, et de désespoir y s' lance dans la politique.

MARIE.

Dans la politique!..

JULIEN.

Tiens, y m'en parlait encore tout-à-l'heure... y m' disait qu' t'étais froide, sévère, que tu l' décourageais, quoi!

MAURICE, *à Marie*.

Oui, mais à présent que tout est expliqué, je demande l'arriéré de tous les baisers que vous me devez, avec les intérêts...

MARIE.

Mon frère...

JULIEN.

Ah! tant pis, fallait pas laisser amasser d'arriéré.

MAURICE.

Vivat!

* Marie, Julien, Maurice.

JULIEN.

Air de la Reine des Fous.

Embrassez-vous (bis.)
N'êtes-vous pas futurs époux ?
Embrassez-vous (bis) ;
Ce doit être un plaisir si doux !

MAURICE, à Julien.

Puisque tu m'autorises,
Profitons de mon bonheur.
(Il veut embrasser Marie.)

MARIE [1].

Finissez... c'est des bêtises...
Ou bien je crie : au voleur !

JULIEN, revenant au milieu [2].

Au voleur !... ça me regarde...
Mais loin de l' faire cesser,
Moi, qui représent' la garde...
J' te condamne... à l'embrasser !

ENSEMBLE.

Embrassez-vous ! etc.

MARIE ET MAURICE.

Embrassons-nous (bis.),
Puisque nous devons être époux.
Embrassons-nous (bis.),
Il n'est pas de plaisir plus doux !
(Maurice embrasse Marie.)

SCÈNE VII.

LES MÊMES, BESUCHET, à sa fenêtre.

BESUCHET, s'écriant [3].

Qu'est-ce que je vois là ?... on s'embrasse dans mon jardin... on scandalise ma maison !

MAURICE [4].

Dites donc, vous, est-ce qu'il n'est plus permis de se faire la cour ?

BESUCHET.

Je ne veux pas qu'on se fasse la cour dans ma cour !

SCÈNE VIII.

LES MÊMES, MÈRE MARCEL.

MÈRE MARCEL, entrant par le fond [5].

Qu'est-ce qu'il y a ? qu'est-ce qu'il y a ?

BESUCHET.

Il y a, madame Marcel, que votre fille et ce jeune homme viennent de faire rougir mes murs !..

MÈRE MARCEL.

Pas possible !

JULIEN.

Moins que rien ! quelques petits baisers ! (Il passe à droite.)

BESUCHET, s'apaisant.

De très gros baisers !

[1] Marie, Maurice, Julien.
[2] Marie, Julien, Maurice.
[3] Julien, Besuchet, Marie, Maurice.
[4] Julien, Besuchet, Maurice, Marie.
[5] Julien, Maurice, Besuchet, mère Marcel, Marie.

MÈRE MARCEL, à Marie.

Que je t'y rattrape, effrontée !.. (A Maurice.) Reviens-y, mauvais sujet.

BESUCHET.

Très bien ! très bien !

MÈRE MARCEL.

S'embrasser devant le monde !.. voilà du gentil !

BESUCHET.

C'est scandaleux !

MARIE.

Mais, ma mère...

MÈRE MARCEL, bas et souriant, à Marie et à Maurice.

Allez-vous embrasser ailleurs.

BESUCHET.

La morale est satisfaite, et le propriétaire aussi ! (Il ferme sa fenêtre.)

MAURICE.

C'est bien heureux !

JULIEN, à Besuchet.

Que le diable t'emporte !

SCÈNE IX.

MAURICE, MÈRE MARCEL, MARIE, JULIEN.

MÈRE MARCEL.

Voyons, mes enfants, un peu d'activité... le grand papa Marcel, qui est allé chercher ses vivres aux Invalides, ne peut tarder à rentrer... Toi, Marie, t'as des préparatifs à faire pour demain... c'est demain ta noce... tu ne l'as pas oublié...

MARIE, souriant.

Oh ! non, maman...

MAURICE.

Moi, je vais aller acheter l'alliance de la mariée, et en même temps j'irai retirer de chez mon patron mes petites économies. (Il remonte.)

MÈRE MARCEL.

A merveille !

JULIEN, bas, à Maurice [1].

Surtout, Maurice, jure-moi que tu n'iras pas autre part.

MAURICE.

Où diable veux-tu que j'aille ?..

JULIEN, bas.

Où tu devais aller hier...

MAURICE, bas.

Si fait, j'irai cette fois pour leur dire que je n'irai plus.

JULIEN, bas.

C'est déjà trop.

TOUS.

Air de Bonaparte à Brienne.

Le travail nous honore ;
Quand on fait son devoir,
Amis, il est encore
Plus doux de se revoir !

[1] Besuchet, Maurice, mère Marcel, Marie, Julien.
[2] Marie, mère Marcel, Maurice, Julien.

4   UN PETIT DE LA MOBILE.

MÈRE MARCEL, *passant à son fils**.

J'ai d' la morale à t' faire,
Reste ici, polisson...

JULIEN, *gaiement.*

J'aimerais mieux, ma mère,
Un' parti' de bouchon!

TOUS.

Le travail, etc.

(Marie rentre dans la maison à droite; Maurice sort par le fond; Julien l'accompagne et lui serre la main.)

SCÈNE X.
JULIEN, MÈRE MARCEL.

MÈRE MARCEL.

Maintenant, toi, à nous deux!

JULIEN, *au fond, à part.*

Oh! elle est fâchée!..

MÈRE MARCEL.

Avance ici.

JULIEN, *descendant, et faisant le salut militaire.*

Me v'là!.., fixe et *immobile*, la mobile!

MÈRE MARCEL.

Mais, malheureux enfant, tu ne veux donc jamais devenir un homme!..

JULIEN.

Au contraire... j' suis en train... j' grandis tous les jours.

MÈRE MARCEL.

Oui, mais tu ne grandis guère en raison...

JULIEN.

Si fait... j' grandis en raison... d' mon âge... et pour ce qui est du reste, d'quel faut attendre que la réflexion me pousse!..

MÈRE MARCEL.

Et, en attendant, c'est le jeu qui te pousse!.. je sais bien qu'à seize ans et demi, on ne pense qu'à s'amuser... mais t'amuser à perdre ton argent, à faire ou à dire des sottises... et ça, quand t'as l'honneur de porter l'uniforme de la république, et que notre famille a le malheur d'en avoir... des malheurs!..

JULIEN.

Nous avons des malheurs!.. oh! mais, c'est défendu en république!..

MÈRE MARCEL.

Ça n'empêche pas que nous en avons.

JULIEN.

Lesquels?

MÈRE MARCEL.

Pas le sou!

JULIEN.

Pas le sou!.., ah! mais c'est encore défendu en république.

MÈRE MARCEL.

Pas seulement de quoi acheter une couronne à ta sœur!

* Marie, Maurice, mère Marcel, Julien.

JULIEN.

Une couronne!.. Ah! mais, c'est surtout ça qui est défendu en république!

MÈRE MARCEL.

Comment! une couronne de fleurs d'oranger!..

JULIEN.

Oui, oui... celle-là, c'est celle de l'innocence, et on peut se coiffer avec..., s'il n'y a pas d'affront... mais, écoute bien, m'man, t'es une bonne, une excellente mère, et la république en est une autre, J' suis vot' enfant à toutes les deux,... c'est convenu... Et, comme tu m'as nourri, et que c'est elle qui me loge, et que, si elle m'habille, c'est toi qui me recommande, elle ne te laissera manquer de rien, quand ce ne serait que par amitié pour son petit de la mobile... aie confiance,

MÈRE MARCEL.

C'est pas la confiance qui me manque...

JULIEN.

Ni les dettes non plus, j' sais ça... mais rassure-toi... tes dettes sont les miennes, les miennes sont celles de la république, et quand les tiennes sont les miennes et que les miennes sont les siennes, elle aurait l'indélicatesse de ne pas payer les siennes, les miennes et les tiennes !.. ça serait du propre !..

MÈRE MARCEL.

Que dis-tu?

JULIEN.

Qu'elle m'a chargé de solder ses comptes... *(Lui donnant une bourse.)* Compte ça.

MÈRE MARCEL.

Ah! mon Dieu! mais cet argent...

JULIEN.

C'est mon argent de poche... depuis quatre mois, à raison de douze sous par jour.

MÈRE MARCEL.

Et que tu me donnes?..

JULIEN.

Pas moi... la république !...

MÈRE MARCEL.

Oh! non, non, cher enfant... garde! garde!..

JULIEN.

Ah! m'man, voyons, pas de bêtises!.. Je t'offre de bon cœur, faut prendre de même... tu me ferais de la peine...

MÈRE MARCEL.

Allons, puisque tu le veux... mais garde au moins...

JULIEN.

J'ai gardé, pour le bouchon, un sou par jour; avec les gains que j' fais... ça m' suffit.

MÈRE MARCEL, *l'embrassant.*

Et moi qui te grondais, qui te croyais presque un mauvais cœur!.. Ah! mon Julien!

JULIEN.

Maintenant, va vite acheter la couronne de noce!..

MÈRE MARCEL.

De ta sœur, oui... et je monterai ensuite chez le propriétaire lui donner un à-compte... et quand j'pense que c'est toi... un enfant... (*Elle l'embrasse avec effusion.*)

JULIEN.

Eh bien! oui, c'est moi... un rien du tout, un méchant gamin, un petit de la mobile... c'est drôle... mais faut pas pleurer pour ça...

MÈRE MARCEL.

C'est de joie.

JULIEN.

A la bonne heure! (*Sautant.*) Vive la joie!... et en avant! la noce!..

MÈRE MARCEL.

Au revoir, mon Julien!

JULIEN.

Au revoir, m'man!

MÈRE MARCEL.

Air:

Ah! quel doux plaisir j'éprouve!
Est-il un bonheur plus grand!
C'est mon enfant... et je trouve
Un homme dans cet enfant!

JULIEN.

Pas un homme, en conscience!
Pas un homme tout-à-fait!
Mais, maman, prends patience;
J'sais de quoi dont on les fait!

ENSEMBLE.

MÈRE MARCEL.

Ah! quel doux plaisir, etc.

JULIEN.

Ah! quel doux plaisir j'éprouve!
Quand son bonheur est si grand;
Je veux qu'un jour elle trouve
Un homme dans son enfant!

(*Mère Marcel sort par le fond.*)

SCÈNE XI.

JULIEN, puis MARCEL, *en invalide*[*].

JULIEN.

J'suis t'y content d'lui avoir fait plaisir!.. Ah! par exemple, pour lui amasser c'plaisir-là, j'ai eu d'la peine... j'ai été jusqu'à me priver des choses les plus naturelles; jusqu'à faire des économies de bouche... sur ma pipe... je n'en culotte plus qu'une par semaine... mais ma pauvre mère... elle, qui m'a culotté pendant seize ans!

MARCEL, *entrant par le fond; il porte un papier.*

Julien! Julien! où es-tu, mon petit?

JULIEN.

Par ici, grand-père..

MARCEL.

Attends-moi là, mon garçon... j'suis à toi... je vais porter les pétitions. (*Il entre dans la maison à droite.*)

[*] Julien, Marcel.

JULIEN, *seul.*

Allons, bien sûr, il vient exprès pour me conter encore la bataille des Pyramides! En v'là une, de bataille, qui est longue à finir! Elle dure depuis que mon grand-père est mon grand-père! Ah! la grande coquine de bataille que ça fait!.. mais puisque ça l'amuse!..

MARCEL, *rentrant.*

Dis-moi donc, Julien...

JULIEN.

Grand-père?

MARCEL.

Ah! tu es de ce côté-là... dis-donc, je reviens pour te parler...

JULIEN, *résigné.*

Il n'y a pas de mal à ça.

MARCEL.

Pour te parler... de la pétition que t'as écrite pour moi à ce matin...

JULIEN, *avec surprise.*

Ah! c'est de vot' pétition que... (*A lui-même.*) et pas des Pyramides!.. il paraît qu' me v'là sauvé d' la bataille!..

MARCEL, *tirant un papier de sa poche.*

Je ne sais pas si c'est que j' n'y vois goutte, mais il m' semble qu' t'as fait là-dessus une erreur fautive...

JULIEN, *prenant le papier..*

Ça m'étonnerait... une pétition que je sais par cœur... vu que c'est la même que j'écris tous les matins au même ministre, qui y fait toujours la même réponse... en n'y répondant jamais.

MARCEL, *avec émotion.*

Ah!..

JULIEN.

Mais il répondra à celle-ci, allez! grand-père... J'ai acheté exprès une plume d'un sou, et s'il y a une faute, alors l' marchand m'aurait volé.

MARCEL.

Lis tout haut.

JULIEN, *lisant.*

« Paris, ce 22 juin 1848. — Citoyen ministre « de la guerre, je suis un vieux de la vieille répu- « blique... J'ai versé tout mon sang pour elle, si « bien que j'en perdu la vie... »

MARCEL.

Comment! la vie!.. j'ai perdu la vie?..

JULIEN.

Non, non... la vue... (*Lui donnant à lire.*) Voyez... « La vue. »

MARCEL.

Je vois : « la vue. » (*Lui rendant le papier.*) J'ai vu la vue.

JULIEN.

La vue est vue. (*Lisant.*) « La vue ou peu s'en « faut. Je n'ai jamais servi la tyrannie sous les « empereurs, sous les rois, ni sous les autres mo-

[*] Marcel, Julien.

« narques. Je suis toujours resté aux Invalides,
« avec la République, depuis 1804. A cet effet,
« citoyen ministre, je me flatte d'avoir mérité
« l'approbation de la France, votre estime et la
« croix d'honneur... Avec lequel, en attendant,
« je suis votre très humble, » et cœtera...

MARCEL.

Y a pas d' faute. (*Reprenant le papier.*) Donne,
que je l'envoie bien vite... Ah ! pourvu que cette
fois-ci...

JULIEN.

Dame ! faut l'espérer.

MARCEL.

C'est que c'est ma seule espérance avant de
mourir ! Un vieux soldat républicain, blessé à
Jemmapes, blessé à Fleurus, blessé à Vahny,
blessé aux Pyramides, blessé à...

JULIEN.

Enfin, blessé à... tous les endroits... Pauvre
grand-père !..

MARCEL, *qui allait pour sortir, revenant.*

Ah ! dis donc, Julien... je ne t'ai peut-être pas
encore raconté la bataille des Pyramides ?..

JULIEN.

Des Pyramides ?.. mais je crois que...

MARCEL.

Je te l'aurais déjà contée ?..

JULIEN.

Mais je crois... je crois que non...

MARCEL.

T'es sûr que non ?.. Ne te gêne pas, vois-tu...
que ça ne soye pas pour me faire plaisir... parce
que, du moment que je te l'aurais...

JULIEN.

Vrai ?.. Eh bien ! grand-père... ma foi, oui...
vous me l'avez racontée déjà...

MARCEL.

Alors, puisque je te l'ai déjà contée... j' vas t'
la conter encore... tu ne dois plus t'en souvenir...

JULIEN.

Non, presque plus.

MARCEL.

Tu vois bien ! Les enfants, ça n'a pas de mé-
moire ! Mais moi, ça ne me sortira jamais d' la
tête. Oh ! les pyramides ! les pyramides !... Quand
je me souviens que j'y ai été contemplé... car je
n' t'en jamais dit... j'y ai été contemplé...

JULIEN, *à part.*

J' sais bien par quoi...

MARCEL, *passant à sa droite.*

Par quarante siècles qui étaient au-dessus, et
qui me regardaient passer avec admiration...
pendant qu'un coup de feu me passait devant les
yeux, même que j'ai été aveugle quelque temps...
Oh ! la magnifique bataille !.. mais j' vas t'en
t'en donner une idée... (*Allant s'asseoir sur le*

* Marcel, Julien.

banquette *à droite.*) Viens te mettre à côté de
moi.

JULIEN.

Oui, grand-père. (*Il vient s'asseoir sur le bras
de la banquette.*)

MARCEL, *indiquant avec sa canne.*

Et suis bien les mouvements que fait l'armée,
avec mon bec à corbin... D'abord, à ma droite,
dans ce coin-là... les grandes pyramides... mais
il faudrait quelque chose pour représenter...

JULIEN.

Attendez, grand-père, j'ai votre affaire... (*Il va
chercher quatre pots de fleurs vides qu'il ren-
verse.*) V'là les pyramides demandées !..

MARCEL.

Très bien !... quand je pense que c'est du haut
de ces mêmes... que quarante siècles... (*Reprenant.*) Ici, à gauche, ça te représente le Caire...
connais-tu le Caire ?

JULIEN.

Oui, oui... le passage du Caire !

MARCEL.

C'est pas ça... je te parle du Caire, capitale
égyptienne...

JULIEN.

Attendez, papa, que je représente le Caire...
Qu'est-ce qui pourrait donc bien ?.. Ma foi, je ne
vois, pour représenter le Caire, que le chapeau
du propriétaire... (*Il l'apporte.*)

MARCEL.

V'là donc le Caire séparé des Pyramides par un
gros fleuve surnommé le Nil...

JULIEN.

Où est-il, ce gros fleuve Nil ?

MARCEL, *prenant un arrosoir près de lui
et versant.*

Tiens, il coule entre les jambes...

JULIEN, *se jetant de côté.*

Mâtin !

MARCEL, *plaçant l'arrosoir.*

N'aie pas peur... il est presque à sec... A c't'
heure, vois-tu ce village ?

JULIEN.

Non, je ne le vois pas.

MARCEL.

Au bout de mon bec à corbin.

JULIEN.

J' vois bien votre bec, grand-père, mais je n'
vois pas l' village... mais nous allons en faire un...
Ah ! la niche de Turc !... (*Il va la chercher.*)

MARCEL, *gaiement.*

Justement, les Mameloucks qui l'étaient, Turcs !

JULIEN.

Je vous apporte le village... tiens, Turc est de-
dans... le village est habité... (*Il pose la niche.*)

MARCEL.

Il se nomme Embabeh.

JULIEN.

Embabeh ! un bien joli nom !

MARCEL.

Et il a le fleuve du Nil dans le dos.

JULIEN.

C'est pour lui tenir frais.

MARCEL.

Dans ce village, les Mameloucks sont retranchés, les gueux!

JULIEN, *à part.*

J' voudrais que sa gueuse d'histoire soye comme les Mameloucks!.. (*Haut.*) Grand-père, si vous faisiez des retranchements?..

MARCEL.

Non... toi, plutôt.

JULIEN.

Mais c'est pas moi qui conte.

MARCEL.

Je te parle des retranchements à côté du village mamelouck.

JULIEN.

Eh bien! alors je vais retrancher, mais vous allez retrancher aussi... retranchons tous les deux...

MARCEL, *se levant.*

Attention!.. nous sommes Français, et nous sommes aux Pyramides!.. Il faut traverser Embabeh et le Nil pour prendre le Caire... Attaquons!

JULIEN.

Combattons!

MARCEL.

Avançons!

JULIEN.

Renversons.

ENSEMBLE.

Air du Lorgnon.

Plein d'une ardeur guerrière,
Affrontons le péril!
Pour arriver au Caire,
Jetons-nous dans le Nil!

(*Pendant ce petit ensemble, ils frappent sur la niche, le chien aboie; Besuchet paraît à sa fenêtre.*)

SCÈNE XII.

BESUCHET, *à sa fenêtre,* JULIEN, MARCEL.

BESUCHET.

Qu'est-ce que c'est? qu'est-ce que c'est?

JULIEN.

Sauve qui peut! v'là l'ennemi! (*Il emporte la niche et le chapeau.*)

MARCEL, *effrayé.*

Hein? (*Il emporte l'arrosoir.*)

BESUCHET.

Ah ça! vous fichez-vous du monde, vous autres? Je n'aurai donc pas un instant de tranquillité?

MARCEL, *bas.*

Ah! c'est la voix du propriétaire!

JULIEN, *bas.*

Et il fait sa barbe... gare le savon! (*Haut.*) Pardon, monsieur Besuchet, nous étions en train de prendre le Caire!.. (*Il élève le chapeau de paille en l'air.*)

BESUCHET.

Mais c'est mon chapeau que vous prenez là!..

MARCEL.

Non, c'est la capitale de l'Égypte.

BESUCHET.

Et mes pots de fleurs?.. (*Julien reporte les pots à droite et en casse un.*) Ah! vous me paierez les pots cassés, je ne vous dis que ça!.. (*Il referme sa fenêtre.*)

SCÈNE XIII.

MARCEL, JULIEN.

JULIEN.

Vieux mamelouck, va!

MARCEL.

C'est dommage... nous allions gagner la victoire!..

JULIEN.

Gagnons d'abord notre chambre, papa; nous gagnerons la victoire après, si c'est possible.

MARCEL.

Si c'est possible!.. mais puisque nous avons fini par triompher!..

JULIEN.

Vous avez fini?.. Allons, c'est pas malheureux!..

SCÈNE XIV.

MARCEL, MAURICE, JULIEN.

MAURICE, *entrant par le fond, de mauvaise humeur.*

Bravo! très bien! c'est agréable!

JULIEN.

Qué qu' t'as donc?

MAURICE.

Me v'là gentil!.. J' suis coquet!.. Oh! j' mousse, vois-tu, je mousse!.. J'ai envie de m'arracher les cheveux! (*Il passe à gauche.*)

JULIEN, *le suivant.*

Pas de bêtises!.. tu ne pourrais plus t' les faire friser demain!

MAURICE.

Demain!.. mais il n'y a plus de demain, plus de frisure, plus de régal, plus de mariage!..

MARCEL.

Comment! mon garçon, tu n'épouses plus Marie?

JULIEN.

Si fait, grand-père.

MAURICE.

Si fait?... non... c'est remis comme ma paye... Oh! les patrons! oh! les maîtres!.. Tu me diras que c'est pas sa faute, à c't homme!.. mais avec tout ça, c'est moi qui la gobe... Il ne peut me solder que dans quinze jours!..

JULIEN.

Eh bien! quinze jours, qu'est-ce que ça fait?

MARCEL, *naïvement.*

Ça fait deux semaines.

JULIEN.

Ça ne fait rien du tout... (*A Maurice.*) Comment! est-ce que, pour faire la noce, on a besoin de la faire avec des plats superfins à douze et à quinze sous comme des ministres?.. Est-ce qu'il n'y a pas toujours à la maison un superbe morceau de bœuf, qui ne coûte que la peine de le manger?.. et c'en est une quelquefois, vu qu'il n'est pas toujours tendre... soit dit sans offenser le bœuf respectable des Invalides, papa... Et puis, frère, si t'as quelques mauvais jours à passer, que diable! nous sommes là, nous, les amis, pour les passer gaîment avec toi...

Air du *Maçon.*

Je n' sais pas ce qu'on doit craindre;
Mais, sans rien appréhender,
Au lieu de gémir et d' se plaindre,
N' devrait-on pas mieux s'entr'aider!..
Au moment d'entrer en ménage,
Si, par malheur, tu manqu's d'ouvrage,
N'as-tu pas l' bœuf de grand papa?
    Du courage! (*bis.*)
Les amis sont toujours là! (*bis.*)
Oui, t'as bon cœur, père que nous sommes
Des ouvriers qui n'avons rien...
Mais les riches!...
   JULIEN.
     Ce sont des hommes!...
Et j' crois qu' tous les hommes se val'nt bien.
Demande sans orgueil, ni rage,
Sans l'effrayer par ton langage,
Et l' rich' lui-même t'répondra:
    Du courage! (*bis.*)
Les amis sont toujours là! (*bis.*)
ENSEMBLE.
    Du courage! etc.

JULIEN, *à Maurice.*

Voyons, ris donc un petit peu. (*Avec une brusquerie comique.*) Veux-tu rire tout de suite, ou je me fâche.

MAURICE.

Eh bien! oui, t'es un bon garçon... tu m'aimes... mais...

JULIEN.

Sois donc tranquille... les temps ne seront pas toujours misérables... l'argent reviendra, et le bonheur aussi... pas vrai, grand-père? Le passé est passé... c'est pas nous qui l'avons fait... Mais l'avenir, l'avenir!... c'est nous qui le ferons... et s'il n'est pas solide, s'il ne vaut rien, c'est que nous aurons été de ce mauvais ouvriers, des paresseux ou des lâches!..

MARCEL, *ému.*

T'es bien petit, mais quand tu parles comme ça, il me semble voir une pyramide.

JULIEN, *se haussant avec une modestie comique,*

Oh! oh!

MAURICE, *tendant la main à Julien,*

Tu me redonnes du courage!

JULIEN.

Allons donc, cristi!.. embrasse-moi! (*Il l'embrasse.*)

MARCEL, *à Julien.*

Dis donc, veux-tu que je l'embrasse aussi une petite fois?..

JULIEN, *se jetant dans les bras de Marcel.*

Une grande fois!.. un tas de grandes fois, grand-père.

SCÈNE XV.

LES MÊMES, MÈRE MARCEL.

MÈRE MARCEL [*], *sortant de la maison à gauche.*

Oh! le méchant homme!

JULIEN.

Qué qu' t'as d'nc, maman?

MÈRE MARCEL.

Va le demander au propriétaire ce que j'ai... ou plutôt c' que j' n'ai pas... Il veut ses trois termes... et il refuse nos à-comptes!..

MAURICE.

Ah! mon Dieu! et ne rien pouvoir!..

JULIEN, *passant près de Maurice* [**]

Maurice!.. Ma mère!.. soyez raisonnables... Il est dans son droit, c't homme!

MÈRE MARCEL.

Non... mais je te conseille de plaider sa cause.

JULIEN.

Écoute, maman... faut s' mettre à la place de tout l' monde... c'est le moyen d' n'être injuste envers personne.

MÈRE MARCEL.

Mais, malheureux, qu'est-ce que nous ferons?

JULIEN.

Air : Vaudeville de l'*Héritière.*

Je n'en sais rien... que nous importe!
Ces malheurs qui semblent si grands,
Ne seront pas toujours à notre porte!
Dieu fit exprès pour ses enfants,
Des jours d'orage et des jours du beau temps.
En famille, c'est comme en guerre,
De bien, de mal, tous nos jours sont remplis.
Par Waterloo nous commençons... eh bien!
Nous boirons par Austerlitz! (*bis.*)

MARCEL [***], *passant près de Julien,*

Bravo! v'là c' qui s'appelle parler!.. De mon temps, sous la vieille république, nous avons fait

[*] Maurice, mère Marcel, Julien, Marcel.
[**] Maurice, Julien, mère Marcel, Marcel.
[***] Maurice, Julien, Marcel, mère Marcel.

le tour du monde, tantôt à la pluie, tantôt au so-
leil, presque toujours, vainqueurs, quelquefois bat-
tus, mais ne désespérant jamais... c'est comme ça
que le peuple français doit vivre, parc' qu'il doit
savoir que ses revers sont passagers!.. et c' que
j' dis là du peuple en général s'applique à tout un
chacun!..

Même air.

C' qu'il faut, c'est d'avoir confiance...
L'ouvrier, tant qu'il a des bras,
Ne doit jamais désespérer en France...
Non, ma fille, il ne le doit pas!
De l'industrie ou sème les soldats,
Dieu veille sur chaque famille!...
Travaillez-bien, vos vœux s'ront accomplis.
Par Waterloo nous commençons, ma fille,...
Nous finirons par Austerlitz!

MÈRE MARCEL.
Hélas! fasse le ciel que vous disiez vrai!

SCÈNE XVI.
MAURICE, JULIEN, MARCEL, MÈRE MARCEL,
MARIE.
MARIE, *sortant de la maison à droite, tout ef-
frayée.*
Ah! mon Dieu! que va-t-il arriver?..
JULIEN.
Quoi donc?
MARIE.
Là-bas, dans la rue, il se forme des grou-
pes... on parle, on s'agite.
MAURICE, *qui a remonté.*
En effet, voyez! que de monde!..
MÈRE MARCEL.
Encore de nouveaux troubles, de nouveaux
malheurs!.. (*On entend battre un rappel loin-
tain.*)

MARIE.
Écoutez! écoutez!.. (*Tous remontent et prêtent
l'oreille.*)

JULIEN *.
Air des *Diamants de la Couronne.*
C'est le tambour!
Jusqu'au retour,
Allons, adieu, ma mère...
Adieu, grand-père,
J'ai du cœur!
Adieu, Maurice, adieu, ma sœur!
CHŒUR, *dans le lointain.*
Le devoir nous appelle aux armes;
Adieu, nos parents, nos amis!
Si nous mourons, séchez vos larmes,
C'est pour le bonheur du pays!
JULIEN, *qui a regardé dehors.*
C'est la Mobile!

* Maurice, Marcel, mère Marcel, Marie.
** Maurice, Marcel, mère Marcel, Marie.
*** Maurice, Marcel, Julien, mère Marcel, Marie.

Elle va passer par ici!
(*Il entre dans la maison à droite.*)
MARCEL *.
Puis-je être utile?...
Que l'on m'apporte mon fusil.
MÈRE MARCEL.
Oh! non, de grâce,
Car nous comptons sur vous;
Et votre place
Est toujours près de nous!
MAURICE, *à part.*
Les amis me désirent;
Mais je sais qu'ils conspirent,
Et je vais de ce pas
Leur dire encor que j' n'irai pas.
JULIEN, *revenant avec son fusil **.*
Me voilà prêt.
C'est à regret
Que j'ai repris mes armes.
(*Bas à Maurice près duquel il passe ***.*)
Maurice, je compte sur toi;
Ici, demain remplace-moi!

SCÈNE XVII.
MAURICE, MARCEL, MÈRE MARCEL, JULIEN,
MARIE, GARDES MOBILES, *conduits par un
capitaine,* VOISINS et VOISINES; *puis* BE-
SUCHET.
CHŒUR, *entrant par le fond ****.*
Le devoir nous appelle aux armes, etc.
BESUCHET, *paraissant à sa fenêtre.*
Ciel! O misère!
Un régiment chez moi planté!
Est-ce une guerre
Qu'on fait à la propriété?
JULIEN.
C'est pour vous rendre
Maître de vos maisons;
Pour les défendre,
Qu'aujourd'hui nous marchons!
MARCEL, *à Julien *****.*
Pour l'enfant qui me reste,
Je crains un sort funeste:
Oh! Julien, pense à moi,
Car, hélas! je n'ai plus que toi!
Là-bas, là-bas,
Dans les combats
N'expose pas ta vie.
Je t'en supplie,
Épargne-toi!...
JULIEN.
Oui, grand-père, comptez sur moi!

LE CAPITAINE.
À vos rangs! (*Julien se met en rang avec ses*

* Maurice, Julien, Marcel, mère Marcel, Marie.
** Maurice, Marcel, mère Marcel, Besuchet, Julien,
Marie.
*** Maurice, Marcel, Julien, mère Marcel, Marie,
Besuchet, *à sa fenêtre.*

camarades.) Portez armes!.. par le flanc droit, droite!.. Arme bras!.. Par file à gauche, pas accéléré... marche!.. (*La compagnie de mobile exécute vivement ces divers commandements et défile devant le public, pendant le chœur qui reprend.*)

CHŒUR.

Le devoir nous appelle aux armes, etc.

(*Julien serre la main à son grand-père et à Maurice et embrasse de nouveau sa mère et sa sœur qui versent des larmes.*)

FIN DU PREMIER ACTE.

ACTE DEUXIÈME.

Le théâtre représente une chambre simplement meublée ; portes au fond et à gauche. A droite, au premier plan, un placard ; à gauche, au second plan, un buffet, du même côté, au premier plan, une table et tout ce qu'il faut pour écrire. Chaises de paille, plusieurs gravures encadrées représentant différents faits d'armes de la première république, entre autres la bataille des Pyramides.

SCÈNE PREMIÈRE.

MARCEL, *entrant par le fond avec un vieux fusil ; il entr'ouvre la porte, regarde de tous côtés et se glisse furtivement dans la chambre.*

On ne m'a pas vu !.. vite, profitons du moment ousque je suis seul pour remettre va-de-bon-cœur à sa place. (*A son fusil qu'il cache.*) J'espère qu'en voilà pour un bout de temps, mon cher ami. Ah! c'est pas l'embarras, je m' faisais bien quelques petits reproches... je m' disais bien qu' c'était pas raisonnable... Quand j' pense que c'est la marmite des Invalides qui sustente en partie tous mes enfants, et que la ricochante qui aurait fêlé cette vieille caboche-là aurait, du même coup, renversé la marmite... Mais est-ce qu'on peut raisonner pot-au-feu quand le brutal vous étourdit de ses discours? Oh! Dieu!.. le brutal...

Air : *Où s'en vont ces gais bergers.*

A ces vieux oncles quinteux,
Souvent je le compare;
Il tousse, il gronde comme eux;
Et frappe, sans crier gare.
Faut répondre à ses emportements,
Quand il se fait entendre;
Car c' n'est jamais par les sentiments
Qu'on peut espérer l' prendre.

SCÈNE II.

MÈRE MARCEL, MARCEL, puis MARIE.

MÈRE MARCEL, *entrant par la gauche et apercevant Marcel.*

Ah! Dieu soit loué, c'est vous!..

MARCEL.

Vous, qui?

MÈRE MARCEL.

Le faites-vous exprès?

MARCEL.

Exprès quoi?

MÈRE MARCEL.

Comment! c'est pas assez de l'inquiétude que me cause... il faut encore que j' m'alarme pour un vieux de votre âge... D'où qu' vous venez encore comme ça?

MARCEL.

Comme ça?... Eh! mais, je viens... Est-ce qu'y n' faut pas... est-ce que c' n'est pas mon devoir d'aller m'informer de c' qui se passe à l'hôtel?

MÈRE MARCEL.

Encore? V'là cinq jours que c'est la même histoire... Tenez, vous allez à l'hôtel comme je danse ou comme je ris, et Dieu sait si j'ai envie de rire ou de danser... Cinq jours, cinq mortels jours sans recevoir de ses nouvelles, sans savoir ce qu'il est devenu!

MARIE*, *qui pendant cette scène est entrée par la gauche, triste et pensive, sortant tout-à-coup de sa rêverie.*

Oh! mon Dieu! non! et c'est bien fini, nous ne le reverrons plus.

MARCEL.

Que dis-tu?...

MÈRE MARCEL, *s'écriant.*

Mon pauvre Julien!..

MARIE.

Eh! quoi! vous parliez!... Oh! mon frère, nous savons où il est... son devoir peut le retenir... mais...

MÈRE MARCEL.

Mais alors de qui parlais-tu donc?

MARIE.

Air : *Paris et le village.*

Ma mère, je parlais... de lui :

MÈRE MARCEL.

De lui, qui, lui?

MARIE.

De lui, Maurice,
Voilà cinq jours qu'il est parti.

MARCEL.

Mais lui-même fait son service,
Tout citoyen doit à son tour servir,
Quand il faut sauver la patrie;
Maurice a dû s'en souvenir...

* Mère Marcel, Marie, Marcel.

MARIE.

Mais voilà cinq jours qu'il m'oublie...
De la patrie, il a pu se souvenir,
Mais voilà cinq jours qu'il m'oublie !...
(*On entend frapper à la porte du fond.*)

MÈRE MARCEL.

On a frappé !

MARIE.

Mon cœur bat !...

MÈRE MARCEL.

Et le mien donc !..
(*On refrappe.*)

MARCEL.

Allez donc ouvrir... c'est vrai, ça, avec leurs cœurs qui battent... c'est drôle, le mien bat aussi.

SCÈNE III.

LES MÊMES, UNE ESTAFETTE.

L'ESTAFETTE, *à mère Marcel qui lui ouvre la porte.*

Le citoyen Marcel?

MARCEL*.

Présent.

L'ESTAFETTE, *lui remettant un papier.*

Un message du ministère de la guerre.

TOUS.

Du ministère de la guerre !

L'ESTAFETTE, *à Marcel.*

Je devais le remettre à vous-même, le voici; bonjour, citoyen, et la compagnie. (*Il sort.*)

MARCEL.

Bonjour !

MARIE**.

Un message qui vient du ministère...

MÈRE MARCEL.

Oh ! mon Dieu ! si c'était de fâcheuses nouvelles !...

MARCEL.

Je n' sais pas ! mais me v'là tout bête... et c'est à peine si j'ose ouvrir.

MARIE.

Pourtant, y faut bien savoir !...

MARCEL.

Sans doute, mais le ministre qui m'écrit !...

MÈRE MARCEL, *prenant la lettre.*

Oh ! donnez, donnez... L'incertitude est plus terrible que le malheur même ! j' vas lire ça...

MÈRE MARCEL ET MARIE.

Je tremble.

MÈRE MARCEL, *lisant.*

« Citoyen ! j'ai le plaisir... »

MARCEL.

Ah ! attends, je n'ose y croire; si c'était !...

* Marie, l'Estafette, mère Marcel.
** Marie, Marcel, mère Marcel.

MARIE.

Quoi donc?

MARCEL.

La réponse à toutes mes pétitions !..

MÈRE MARCEL, *qui a lu bas.*

Juste !...

MARCEL.

Il serait possible !

MÈRE MARCEL.

Écoutez: (*Lisant.*) « Citoyen Marcel, j'ai le
« plaisir de vous annoncer que le citoyen géné-
« ral ministre de la guerre, vient de vous nom-
« mer, par décret en date do ce jour, chevalier
« de la Légion-d'Honneur. »

MARCEL, *se précipitant sur le brevet.*

Y a ça? Il y a chevalier de la Légion-d'Honneur?
Moi ! moi !...

Air : *Prêt à partir pour la rive africaine.*
Donne ! oh ! mon Dieu !... donne que je dévore !
Où donc? dis-moi... montre donc... oh! douleur !
Mes pauvres yeux... je ne vois rien encore...
Mais c'est égal, je lis avec mon cœur...
(*Il baise le brevet.*)
La croix d'Honneur, vive la république !
De ma carrière, elle embellit la fin.
La croix d'Honneur ! cette étoile civique,
Vient éclairer mes jours à leur déclin.

MARIE.

Mon père... cette émotion ...

MARCEL, *s'asseyant sur une chaise que lui apporte mère Marcel.*

Oui... elle est trop forte... Elle m'a brisé... Je ne sais plus... j'ai la croix... et ça fait tant bien que ça fait mal... et... (*Il s'évanouit.*)

MÈRE MARCEL.

Grand Dieu ! Marie ! du secours.

MARIE.

Voilà !... voilà ma mère... Oh ! mon Dieu !... pauvre grand-père... (*Elle va au buffet.*)

MÈRE MARCEL.

N' te chagrine pas ! ça ne sera rien grâce, au ciel... Le v'là qui revient.

MARCEL.

Ah ! c'est étrange... Ça m'a pris là et là... en même temps... et toutes mes forces... toutes mes idées... c'est donc ça qu'on appelle se trouver mal... (*A Marie qui lui présente un verre d'eau.*) Merci, merci, mon enfant, mais un verre d'eau...

MARIE.

C'est pour remettre vos sens.

MARCEL.

J' crois qu'un verre de vin les r'mettrait mieux.

MÈRE MARCEL.

Sans doute... (*A Marie.*) Tiens, là... dans le buffet... Quel dommage que Julien ne soit pas ici pour se réjouir avec nous...

MARIE, *à elle-même.*

Et Maurice donc !

MÈRE MARCEL, *continuant.*

Oh! il faut absolument que j'aie de ses nouvelles!.. mais faut pas que Julien me fasse oublier...

MARCEL, *à Marie, qui lui présente un verre de vin.*

Bien, mon enfant, merci. (*Il boit.*) Je crois que ça vaudra beaucoup mieux qu'un verre d'eau, ça...

MÈRE MARCEL.

Marie! puisque le propriétaire n'a pas voulu de nos à-comptes, faut nous faire un bon repas, entends-tu, nous avons à boire à la santé d'un chevalier de la Légion-d'Honneur...

MARCEL.

Voyez! rien qu'à ce mot-là je pleure, je pleure comme un enfant!... Pleurer et me trouver mal, deux choses qui ne m'étaient jamais arrivées et qui m'arrivent avec la croix d'Honneur!... Est-ce drôle! (*Il se lève. Marie va remettre sa chaise à sa place.*)

MÈRE MARCEL.

Non! c'est bien naturel, père... Allons, Marie, aux provisions. (*Avec inquiétude.*) Et moi aux renseignements!

MARCEL.

Air des *Brodequins de Lise.*

Ce jour qui vous permettra
D'voir heureux votre vieux père,
Est un beau jour et j'espère
Que rien ne l'attristera.

MÈRE MARCEL.

Pourtant, inquiète d' mon fils,
Je veux qu' son sort s'éclaircisse.

MARIE, *à elle-même.*

Et moi j' veux savoir à tout prix,
Ce qu'est dev'nu c' pauvre Maurice.

ENSEMBLE.

Ce jour qui ^{nous}/_{vous} permettra

D' voir heureux ^{votre}/_{votre} vieux père., etc., etc.

(*Marie et mère Marcel sortent par le fond.*)

SCÈNE IV.

MARCEL, *seul.*

Ah! vive Dieu! v'là les forces qui me reviennent... et, bien mieux qu' ça, y m' semble que j'n'ai jamais été plus jeune, plus fort, plus solide... je ferais des entrechats, sacrebleu! (*Fredonnant et dansant.*)

A la mousse
On chasse,
L'on déchasse,
A la mousse...

(*S'arrêtant et toussant.*) Hem! hem! hum!.. oh! oh!.. halte-là... père Marcel... c'était bon en l'an douze de la république française... au bal de la Femme sans tête... aujourd'hui c'est le bal du cavalier sans jambes; mais credienne, si je ne danse pas, je chanterai, je crierai... Ah! je suis d'une gaîté, d'une joie...

JULIEN, *en dehors.*

Grande nouvelle! grande nouvelle!.. maman! maman!..

MARCEL.

Julien, la voix de Julien... ah! je vais lui apprendre...

SCÈNE V.

MARCEL, JULIEN.

(*Julien est décoré; il porte sa croix, et en entrant se place à la gauche de Marcel, de sorte que le vieillard qui d'ailleurs n'y voit pas beaucoup, se trouve, par sa position même, ne pas apercevoir la croix de Julien.*)

JULIEN, *entrant par le fond, à lui-même.*

Le grand-père seulement!.. et pas ma mère!.. oh! j'aurais voulu que ce soit ma mère la première... mais n'importe... (*Haut.*) Grand-père, embrasse-moi!..

MARCEL.

Du tout, c'est toi qu'il faut qui m'embrasse...

JULIEN.

Du tout!.. c'est vous qu'il faut que...

MARCEL.

Mais tu n' sais donc pas?..

JULIEN.

Ni vous...

MARCEL.

Moi, Marcel, ton grand-père, j' suis...

JULIEN.

Moi, Julien, vot' enfant, j' suis...

JULIEN, *s'apercevant qu'ils disent à peu près la même chose.*

Hein!..

MARCEL, *reprenant,*

Je suis décoré!

JULIEN, *surpris et joyeux.*

Lui!..

MARCEL.

J' viens d'en recevoir la nouvelle.

JULIEN, *de même.*

Vraiment!

MARCEL, *lui donnant le brevet,*

V'là la lettre que m'écrit en personne le général ministre...

JULIEN, *prenant le brevet, à lui-même, avec stupeur.*

Mon brevet! — c'est pas possible!..

MARCEL.

Pas possible!.. Oh! ne me dis pas ça, vois-tu, car cette récompense que j'ai ambitionnée toute ma vie...

JULIEN.

Eh bien!

MARCEL.

S'il me fallait y renoncer à présent, j' crois qu' j'en mourrais...

JULIEN, *arrachant sa croix, à part.*

Oh! qu'il ne se doute pas!..

MARCEL.

Donne, mon enfant, rends-moi ce précieux papier... (*Reprenant le brevet et touchant la croix en que Julien a laissé dans sa main.*) Qu'est-ce que c'est qu' ça?.. Julien, une croix... c'est la croix!.. tu me l'apportais donc?

JULIEN.

Oui... oui... grand-père... je vous l'apportais... c'était une surprise... et une bien grande surprise, allez...

MARCEL.

Que tu voulais me faire? Ah! que je t'embrasse... que je t'embrasse... Oh! Julien, attache-là sur ma poitrine... je veux que tu l'attaches toi-même, mon enfant...

Air : *En vérité je veux le dis.*

Décore-moi, mon petit-fils...

MARCEL, *à part.*

Mais c'est ma croix que je lui donne!
Ah! n'importe! mieux que personne
Il l'avait méritée jadis.
Son temps ne valut pas le nôtre...
L'courage y restait ignoré!
Moi, j'ai l'temps d'en gagner une autre!
(*Haut en attachant la croix.*)
Grand-père, vous voilà décoré.

MARCEL.

Merci... merci... ça me va bien, n'est-ce pas?

JULIEN.

Très bien, grand-père (*à part.*) Ça ne m'allait pas trop mal non plus, à moi.

MARCEL, *avec tendresse.*

Ah! mon Dieu!.. vois comme le bonheur rend égoïste!.. je ne te demande pas seulement si tu te portes bien, s'il ne t'est pas arrivé quelque...

JULIEN.

Rien du tout!.. vous m'aviez tant recommandé de prendre des ménagements.

MARCEL, *surpris et mécontent.*

Ah! tu t'es ménagé...

JULIEN.

Oui, grand-père.

MARCEL.

Bien ménagé?

JULIEN.

Le plus qu' j'ai pu.

MARCEL.

Ah! t' as... t' as bien fait. (*À part.*) J' n'aurais jamais cru ça d' lui.

JULIEN.

Qu'est-ce que vous avez donc, grand-père?

MARCEL.

Moi...rien... Allons, au revoir! (*À part.*) P'tit feignant, va! (*Il remonte la scène.*)

JULIEN, *qui veut le retenir.*

Eh ben! vous vous en allez fâché contre moi...

MARCEL.

Laisse...

JULIEN, *à lui-même.*

J' lui conseille, par exemple! quand je lui donne ma croix...

MARCEL, *qui a entendu le dernier mot.*

La croix !.. oui, je l'ai gagnée... moi !.. J'étais aux Pyramides, moi !.. avec quarante siècles qui me... Mais je vais aller me faire contempler par tout le voisinage... et puis par ta mère qui ne m'a pas encore vu avec.

JULIEN, *avec désolation.*

Ma mère !.. ma mère !..

MARCEL.

Ah! mais, j'y songe... tiens... elle est sortie pour avoir de tes nouvelles... (*Avec intention.*) Si j' la rencontre, j' lui en donnerai... j' lui dirai que t'as pris des ménagements... que t' as eu de la prudence... c'est pas toujours un mal.

Air de *Rose et Marguerite.*

Mais ce n'est pas, je pense,
Ce que l'on récompense.
Est-ce pour ma prudence
Que je reçois
La croix?

JULIEN, *à part.*

On dirait qu'il se fâche...

MARCEL, *à part.*

Faire un semblable aveu!

JULIEN, *à part.*

Me prend-il pour un lâche?
(*Haut.*) Grand-père...

MARCEL.

Sans adieu !..

JULIEN.

ENSEMBLE.

Vit-on pareille chose?
Le grand-père, je pense,
Soupçonne ma vaillance,
Et je lui vois
Ma croix.

MARCEL.

Non, ce n'est pas, je pense,
Ce que l'on récompense, etc., etc.

SCÈNE VI.

JULIEN, *seul.*

Ah! m'entendre dire des choses comme ça!.. Et m'mon qui est capable de croire... elle... elle... pour qui surtout j'étais si glorieux d'avoir une décoration! (*Résolument.*) Oh! non! j'ai fait une bêtise. (*Courant au fond et appelant.*) Grand-père! grand-père!... (*Revenant en scène.*) Ah bien oui!.. il est loin, s'il court encore.

SCÈNE VII.

JULIEN, MARIE.

JULIEN, *sans voir Marie.*

Ah ! que je suis donc triste! mon Dieu ! que je suis donc triste !

MARIE, *sans voir Julien.*

Ah ! que j'ai donc du chagrin ! mon Dieu ! que j'ai donc du chagrin !..

JULIEN.

Marie ! (*Il l'embrasse.*)

MARIE.

Julien !

JULIEN.

Ah! si tu savais !..

MARIE, *en pleurant.*

Si tu le doutais... ce pauvre Maurice...

JULIEN.

Hein ? Maurice... il est arrivé quelque chose a Maurice ?

MARIE.

Je viens de chez lui... Il est resté quatre jours sans rentrer...

JULIEN.

Quatre jours sans rentrer ! (*A part.*) Ah ! mon Dieu !..

MARIE.

Oui, mon frère... et ses voisins m'ont dit que le cinquième jour, au matin, il avait été arrêté par la police. (*Sanglotant.*) La police !..

JULIEN, *à lui-même.*

Ah! je me doute... Diable de tête, va ! malgré mes avis, mes conseils...

MARIE.

Oh ! si je ne dois plus le revoir, je suis capable de me perdre, d'abord.

JULIEN.

Eh bien ! et moi qui t'aime, qu'est-ce que je deviendrais, alors?.. Non, sœur, sœur, non, tu ne voudras pas faire ce chagrin-là à ton bon petit Julien... Voyons, calme-toi...

MARIE.

Non, mon frère, non ! Je suis de la famille aussi, moi ; j'ai une tête, j'ai un cœur, et si Maurice ne reparaît pas, s'il ne m'est pas rendu... tu verras... je ne te dis que ça...

JULIEN.

Satané Maurice ! diable de Maurice ! tiens, je voudrais qu'il soye...

MARIE.

Où cela?

JULIEN.

En liberté... ici... près de nous, en bel habit noir, et toi en belle robe blanche, avec le gros bouquet au côté, la couronne virginale... (*Voyant Marie pleurer.*) Eh bien !.. voila la mariée qui pleure encore !

MARIE.

Air de *Voltaire chez Ninon.*

Ne puis-je donc pleurer quelqu'un !

JULIEN.

Pour adoucir son infortune,
Même désir nous est commun,
Même sourire nous est commune.

Le communisme est une erreur,
Pourtant j'affirme qu'il existe ;
Quand je te vois de la douleur,
(*Pleurant presque.*) Je sens que je suis communiste.

MARIE.

Tu veux me consoler, mais il n'y a plus d'espoir, et je sens que c'est la fin...

JULIEN, *à lui-même.*

Sa fin... (*A Marie.*) Ta fin?..

MARIE, *pleurant.*

Eh ! non, je n'ai pas... (*A elle-même, remontant la scène*.*) Ah ! mon Dieu ! et ce dîner pour la croix de bon papa... Maman qui m'a tant recommandé... (*Elle va prendre deux paniers dans la chambre à gauche.*)

JULIEN.

Où vas-tu ?

MARIE, *pleurant et traînant ses mots.*

Chercher du charbon.

JULIEN.

Hein ? tu dis ?..

MARIE, *de même, en sortant.*

Chercher du charbon... Adieu, mon frère. (*Elle sort vivement par le fond.*)

<hr>

SCENE VIII.

JULIEN, *seul.*

Du charbon !.. Ah ! mon Dieu ! mais c'est qu'elle le ferait comme elle le dit !.. Eh bien ! c'est gentil ! je retrouve la maison dans un bel état... Le grand-père qui déraisonne, la sœur qui est toquée... et cet imbécile de Maurice qui... Comment diable le tirer de là, maintenant? Il faudrait quelqu'un de puissant, de haut placé... et encore... encore !.. Ah ! mais j'y pense ! ce général qui m'a donné la croix, qui avait l'air si bon enfant, et qui m'a embrassé, en me disant : « Petit, compte sur moi... » Si je lui proposais... oui, c'est un moyen... (*Courant à la table.*) Vite, vite... voyons, quelque chose de chaud... là... d'attendrissant, du tapé... (*Écrivant.*) « Général, « mon grand général... mon second père... » (*A lui-même, avec sentiment.*) Un homme qui m'a donné ce qu'il m'a donné... (*Écrivant.*) « J'ai « une croix, mais j'ai une sœur, et j'avais un « ami que la République m'a ôté... Otez-moi la « croix, mais rendez-moi mon ami, qui est l'a- « moureux de ma sœur... Il est facile à reconnaî- « tre... Il n'a pas de raison, ni de méchanceté... « il s'appelle Maurice, et je vous le redemande « en retour de ma croix. » (*S'interrompant.*) Oh ! et le grand-père !.. Bah ! du moment qu'elle est à moi et que c'est pour sauver ce pauvre Maurice... D'ailleurs, si grand-père ne l'a pas, je ne l'aura pas non plus... ça fait que ça ne l'humiliera pas.

* Marie, Julien.

ce vient.... (*Relisant des yeux.*) Oui, tout y est...,
non, un instant! (*Écrivant.*) « Général, je vous
» rends de bon cœur (*avec émotion.*) ma pauvre
» petite croix, que je vous prie de me mettre de
» côté... à votre côté, où elle était,... (*D'une voix
» plus ferme.*) J'irai vous la redemander le jour
» où je l'aurai méritée de nouveau à la frontière.
» Salut... (*Il essuie une larme.*) Salut et admi-
» ration. » (*Il signe et se lève.*)

      Air: *J'en guette un petit.*

    C'est un bien cruel sacrifice,
Mais avant tout il y va de l'honneur,
    De la liberté de Maurice,
    De l'existence de ma sœur.
Avec le temps je m' consolerai, j'espère,...
    Quand j'aurai mon frère à mon bras...
    Je regretterai moins d' n'avoir pas
    Une croix à ma boutonnière.

Maintenant, faudrait faire porter cette lettre.

SCÈNE IX.
MARIE, JULIEN.

JULIEN, *apercevant sa sœur qui rentre et traverse
le théâtre avec un panier dans chaque bras, à
lui-même, avec crainte.*

Marie! (*Se rassurant, par réflexion.*) Oh! par
bonheur!.. (*Haut, à Marie, en lui désignant un
panier.*) Malheureuse! qu'est-ce que t'as là-de-
dans?

    MARIE, *tristement.*

Le dîner...

    JULIEN, *désignant un des paniers.*

Du charbon!..

    MARIE, *près de pleurer.*

Mais, oui, du charbon...

    JULIEN.

Eh bien?..

    MARIE, *achevant.*

Pour le dîner... (*Pleurant.*) pour faire cuire des
côtelettes...

    JULIEN.

Des côtelettes!.. Ah! c'était du charbon pour...
(*À part, gaîment.*) Et moi qui croyais... Oh!
que c'est bête!

    MARIE, *pleurant.*

Si tu t'imagines que c'est pour moi, ce dîner...
et que j'ai de l'appétit... et que j'en mangerai,
des côtelettes... Oh! non, va, que je n'en mangerai pas!... (*Sanglotant.*) Jamais, jamais... jamais!..

JULIEN, *lui prenant les paniers qu'il porte dans
la chambre à gauche et revenant*.

Voyons, voyons, laisse là ton dîner, ton charbon, et ne pleure plus, car tu n'en finis pas...
Veux-tu m'écouter... et sauver Maurice?..

    MARIE.

Maurice! si je veux sauver Maurice!..

  * Julien, Marie.

    JULIEN.

Eh bien! cours porter cette lettre...

    MARIE.

Cette lettre, pour le sauver? où ça? à qui? chez
qui?

    JULIEN.

Tiens!.. et moi qui ai oublié de mettre l'a-
dresse... il est vrai que je ne la sais pas... (*Écrivant la suscription.*) Mais avec le nom dessus,
tout le monde t'indiquera... et puis tu diras que
c'est de ma part.

    MARIE, à *Julien qui cachette la lettre.*

Oui, mais dépêche vite... Oh! mon Dieu!..

SCÈNE X.
LES MÊMES, MARCEL.

    MARCEL*.

Ah! quel effet dans le quartier!.. Ils voulaient
me porter en triomphe... me mettre au Panthéon
de mon vivant... mais j'ai réclamé!

    JULIEN.

Oh! pauvre cher homme!.. quand il va falloir
lui dire...

    MARCEL.

Ah! mes enfants! je viens-t'y d'en avoir, de
cette satisfaction!

    Air de *Marianne.*

Lorsque je sortis dans la rue,
Orné de cette croix d'honneur,
Sur mes pas la foule accourue
Fit entendre un bravo flatteur.
    Chacun s'empresse,
    Chacun m'oppresse,
    Quoiqu'en ivre,
J'étais par trop serré;
    J'étais en nage,
    On me dégage,
    Mais quel tableau,
    M'attendrit de nouveau!
Moment plein d'ivresse et de charmes,
Les portiers que je saluais,
Allaient tous prendre leur balais,
Pour me porter les armes.

MARIE, *passant près de Julien et prenant la lettre.*

Moi, je cours porter la lettre.

SCÈNE XI.
JULIEN, MARCEL.

    MARCEL.

Eh bien! où donc qu'elle va, Marie?..

    JULIEN.

P't-être qu'elle court après Maurice...

    MARCEL.

Maurice... en voilà encore un qui me fait l'effet
d'un soldat du pape... (*Se reprenant.*) De l'ancien
pape! Ah! qué qu' c'est donc que la jeunesse d'à
c't heure?

  * Julien, Marcel, Marie.

JULIEN.

Des poules mouillées, quoi !...

MARCEL.

Oh, oui.... Et dire que c'est nous, les vieux, qui sommes obligés d'avoir la croix...

JULIEN.

Je ne vous y oblige pas.

MARCEL.

Si fait...

JULIEN.

Au contraire...

MARCEL, *surpris*.

Au contraire ?..

JULIEN, *à part*.

Faut pourtant que je me décide...

MARCEL, *à part*.

Serait-y jaloux ?

JULIEN, *de même*.

Mais le moyen qu'il me la rende ?..

MARCEL, *de même*.

Au fait, depuis que je l'ai, il a un air drôle... (*Haut.*) Julien ?..

JULIEN.

Grand-père...

MARCEL.

C'est pas ma faute, vois-tu... et c'est pas gentil de ta part, mon petit garçon..... faut pas être comme ça...

JULIEN.

Comment donc que je suis?

MARCEL.

T'es comme quelqu'un qui serait molesté de me voir ce triomphe-là sur la poitrine.

JULIEN, *avec effusion*.

Moi !.. oh ! mon pauvre vieux grand-père !.. moi !.. être fâché de votre triomphe ! moi... qui voudrais qu'on vous y mette... sur l'arc... de ce nom-là... ou plutôt sur la colonne ! Oui, je voudrais vous voir sur la colonne... mais v'la tout...

MARCEL.

V'la tout?...

JULIEN.

Dame ! à moins que vous n'aimeriez mieux être sur l'obélisque, en souvenir des Pyramides !...

MARCEL.

Non, non, en souvenir des Pyramides, (*Montrant sa croix.*) j'aime mieux avoir ça...

JULIEN, *à part*.

Les Pyramides !... Ah ! c'est p't-être le moyen... (*Haut.*) Grand-père, êtes-vous bien sûr que c'est à cause des Pyramides?

MARCEL, *à part*.

Hein !.. se douterait-y ? (*Haut.*) Mais à cause de cette bataille-là... ou d'une autre... Aboukir... Héliopolis...

JULIEN.

Ah ! mais, c'est qu'Aboukir ou Héliopolis, ça se serait plus aussi... pyramidal.

MARCEL.

Qué qu' ça fait?

JULIEN.

Ça fait tout. Diable !... vous avez été beau à Aboukir, superbe à Héliopolis, mais vous avez été magnifique aux Pyramides... et le brevet doit en faire mention... Vous l'avez encore, le brevet?

MARCEL.

Oui... dans ma poche... sur mon cœur.

JULIEN, *à part*.

Pauvre grand-père ! que je voudrais donc ne pas lui faire ce chagrin-là! mais...

MARCEL.

Tu dis?

JULIEN, *à qui Marcel a remis le brevet*.

Je dis que je vas lire... Grand-père, si par hasard il y avait une faute... une erreur... si on s'était trompé de...

MARCEL.

Si c'était pas pour les Pyramides?...

JULIEN.

Non, si c'était pour un autre...

MARCEL.

Pour Aboukir, ça m'est égal.

JULIEN.

Du courage, grand-père... N'importe ce qu'il y ait là-dessus, vous n'en serez pas moins un des plus braves, un des plus intrépides... un de ceux qui ont le plus de droit... bien plus qu'un tas d'autres qui ne vous viendraient seulement pas aux talons...

MARCEL, *à lui-même*.

Que diable me chante-t-y ?

JULIEN, *lisant*.

« Citoyen, » (*S'interrompant, avec émotion.*) Non, qu'ils ne vous viendraient pas seulement aux talons !.. (*A part et très ému.*) Censu, va ! (*Haut, lisant.*) « Citoyen... j'ai le plaisir de vous annoncer...

MARCEL, *l'interrompant*.

Dis donc, « le plaisir » il y a « le plaisir » tout le plaisir est pour moi.

JULIEN.

Oui... (*A lui-même en soupirant.*) Il va être gentil, le plaisir ! (*Lisant.*) « De vous annoncer « que le citoyen général, ministre de la guerre, « vous a nommé, par décret en date de ce jour, « chevalier de la Légion-d'Honneur...

MARCEL.

Quel bonheur!

JULIEN, *à part*.

Quel malheur! (*Lisant.*) « En récompense du « courage que vous avez montré,.. (*Sur un autre ton.*) Du courage, grand-père!...

MARCEL, *le reprenant*.

T'as-ti donc que j'en ai montré...

JULIEN, *lisant*.

« Dans ces dernières journées... »

MARCEL, *inquiet, à part.*

Ah!..

JULIEN, *à part, le regardant.*

Il a compris.

MARCEL.

Continue.

JULIEN.

Mais...

MARCEL.

Va donc..

JULIEN, *lisant et appuyant de plus en plus.*

« Dans ces dernières journées...

MARCEL.

J'ai entendu de reste... Après?

JULIEN, *à part.*

Pas compris! Il va comprendre. (*Haut et lisant.*)
« Et des services que vous avez rendus à la République. (*Regardant Marcel.*) A... la... ré... il y a à la République, grand-père...

MARCEL.

Certainement qu'il y a : « à la république. » Est-ce que jamais servi des monarques?

JULIEN, *à part.*

C'est vrai!.. Ah! mon Dieu, mais comment donc lui prouver que c'est moi... (*Haut, par inspiration.*) Ah! il y a encore quelque chose après le mot de république.

MARCEL.

Il y a p't'-être française?

JULIEN.

Non!.. il y a...(*A part.*) Je l'ajoute pour qu'il comprenne... (*Haut.*) Il y a « A la République (*appuyant*) de 1848!.. »

MARCEL.

De 1848!

JULIEN, *tristement.*

Oui.

MARCEL.

Et pas un mot de l'autre?

JULIEN, *de même.*

Non...

MARCEL.

Ah! c'est injuste, c'est mal...

JULIEN.

Oui, c'est cruel, allez!

MARCEL, *tout à coup avec entraînement.*

Mais, ma foi, comme j'ai risqué ma vie pour toutes les deux...

JULIEN.

Hein?..

MARCEL, *à lui-même.*

Oui!.. ça m'a échappé...

JULIEN.

Quoi, grand-père..

MARCEL.

Eh bien! oui, mon enfant... c'est pas pour t'humilier... mais... moi, un vieux de la vieille... quand j'ai pensé que vous autres, les jeunes de la jeune, vous n'sauriez p't'-être pas bien la défendre, faute d'avoir l'habitude; eh bien! j' m'ai dit... Toi, qui as marché avec la première, tu dois savoir comment on peut faire aller la seconde... et j'ai marché devant... pour lui montrer le chemin.

JULIEN.

Vous aussi!..

MARCEL.

T'as raison, j'aurais dû me tenir tranquille... ou rester en arrière des autres... comme toi...

JULIEN.

Comme moi... (*A part.*) Oh! à la fin! (*Haut.*) Non... non... il faut que je vous dise.

MÈRE MARCEL, *en dehors.*

Où est-y?.. où est-y?..

MARCEL.

Ta mère... pas un mot de ça devant elle!

JULIEN, *à lui-même.*

Ah! mon Dieu, mon Dieu!.. et impossible de ravoir ma croix.

SCÈNE XII.
LES MÊMES. MÈRE MARCEL.

MÈRE MARCEL.

Julien!.. mon fils! (*L'embrassant avec effusion.*) Oh! je t'ai-t'y assez cherché!.. j'ai-t'y été assez inquiète!.. mais te revoilà, et c'est fini, je suis heureuse.

JULIEN, *à part.*

Elle est bien heureuse de l'être!

MÈRE MARCEL.

Mais qué qu' t' as donc, t' as l'air triste.

JULIEN, *l'embrassant.*

Triste!.. quand j' te revois... quand je t'embrasse.

MÈRE MARCEL.

Cher petit!.. mais, à propos, tu sais la nouvelle?

JULIEN.

Oui...

MÈRE MARCEL.

Ton grand-père qui a la Légion-d'Honneur!..

JULIEN.

Oui... je sais...

MARCEL.

C'est lui-même qui me l'a apportée...

MÈRE MARCEL.

Bah! on te l'avait donnée pour lui...

JULIEN, *s'écriant.*

Oui m'man... on me l'avait donnée... (*Baissant la voix avec intention.*) Et c'est pour lui!.. (*A part.*) Oh! j'étouffe! (*Il fait un mouvement pour remonter la scène.*)

MÈRE MARCEL, *le retenant et lui désignant la croix de Marcel.*

Mais regarde donc comme ça l'embellit!... comme ça le rajeunit!

JULIEN, *qui veut entraîner sa mère.*

Viens! faut que je te parle!

* Julien, mère Marcel, Marcel.

MÈRE MARCEL.

Parle devant le père. (*Julien fait un geste négatif.*) Hein? C'est-y que t'as honte?.. c'est-y parce qu'il a... (*Julien fait un geste affirmatif.*) Comment?..

MARCEL, *confidentiellement et gaiement à sa fille.*

J'ai idée qu'il est fâché de n'en pas avoir une... (*À Julien.*) Mais t'en auras une aussi, mon garçon... plus tard... (*Il remonte et passe à gauche.*)

MÈRE MARCEL.

Vous croyez, père?.. Oh! que ce jour-là je serais orgueilleuse, je serais vaniteuse!.. Oh! comme je pleurerais!.. comme je te mangerais de caresses!.. Et puis tu m'emmènerais avec toi, dans les rues, à ton bras... tu me ferais passer devant les factionnaires... qui te porteraient les armes... et qui se diraient en me voyant : V'la pourtant la mère du petit décoré... ça en fait-y de l'honneur!.. mais avant qu'ça arrive, t'auras l'âge de ton grand-père, et moi je serai morte.

JULIEN, *très ému, l'embrassant.*

Non, ma mère!.. Oh! que non, tu ne seras pas morte...

MÈRE MARCEL.

Si, mon enfant, si...

JULIEN, *ayant peine à se contenir et voulant l'entraîner.*

Oh! viens-t'en vite... je suis malade...

MÈRE MARCEL.

Malade!

MARCEL, *à part.*

Non!.. c'est autre chose...

MÈRE MARCEL, *qui lui palpe la tête et la poitrine, avec effroi.*

Où que t'as mal?

JULIEN.

Je sais pas... j'étouffe... j'ai un secret que... (*Parlant de son grand-père, à part.*) Oh! il écoute...

MARCEL.

Faut le dire, ton secret.

JULIEN, *avec force.*

Pas à vous... pas à vous, c'est celui de ma mère.. et de ma sœur... Viens, mère,..

MAURICE, *en dehors.*

Julien! Julien! mon ami,

MARIE, *en dehors.*

Mon frère!...

MÈRE MARCEL, *inquiète.*

Ta sœur! ah! la voici et avec Maurice.

SCÈNE XIII.

MARCEL, MARIE, JULIEN, MAURICE, MÈRE MARCEL.

MAURICE, *entrant par le fond avec Marie et embrassant Julien.*

Mon ami... mon sauveur!...

* Marcel, Julien, mère Marcel.

MARIE.

Mon frère!... mon bon frère,

MAURICE.

Je te dois la vie!...

JULIEN.

Tais-toi... tais-toi...

MARCEL, MÈRE MARCEL.

Qu'est-ce donc?

MAURICE.

Comment vous ne savez pas?...

JULIEN.

Maurice, je te défends...

MAURICE.

Oh! laisse-moi dire... Car ce n'est pas ton éloge, c'est mon blâme que je veux faire... et j'ai le droit de m'accuser de mes fautes...

JULIEN.

Ses fautes... Il manquait d'ouvrage, il manquait d'argent... ce garçon... et...

MAURICE.

Possible, mais j'étais perdu... quand Julien.... ce Julien que v'là, qui n'a pas l'air d'être quelque chose dans le gouvernement, écrit au général en chef que je suis son plus cher ami, que j'aime sa sœur, qu'il veut ma grâce... qu'il lui faut ma grâce... ou sinon...

MARCEL, MÈRE MARCEL.

Comment!...

JULIEN.

Veux-tu donc finir!

MAURICE.

Et après un tas d'histoires et une fameuse semonce, le général me dit : Malheureux!... va dire à ce petit de la mobile qui te réclame en échange de sa croix d'honneur...

MARCEL, MÈRE MARCEL.

Sa croix d'honneur,

JULIEN.

Ah! v'là l'bouquet. (*Il remonte.*)

MAURICE.

Va lui dire que la République ne reprend jamais ce qu'elle a donné, mais qu'elle rend quelquefois ce qu'elle a pris : Va-t-en... t'es libre... Et je suis libre. (*Il passe près de Marcel.*)

MÈRE MARCEL, *allant vers son fils.*

Et lui.... lui...., mon Julien, il serait décoré... t'aurais la croix?..

MAURICE ET MARIE.

Pas de doute.

MARCEL, *passant à Julien.*

Nous l'aurions tous les deux!..

MÈRE MARCEL.

Ah! c'te fois, c'est trop de bonheur!... mon père... mon fils (*À Julien.*) Eh bien! mais où est-elle donc, ta croix!..

* Marcel, Maurice, Marie, Julien, mère Marcel.
** Maurice, Marie, Marcel, Julien, mère Marcel.

JULIEN.

Où est-elle?... (*Regardant Marcel*) Je sais pas.

MARCEL, *à part.*

Hein?

MÈRE MARCEL.

Tu sais pas?...

JULIEN.

Non... ce matin je rentrais...

MARCEL, *de même.*

Il rentrait!...

JULIEN.

Oh! non, non... je n'aurai jamais ce courage... (*Voyant Marcel détacher lentement sa croix.*) Non, non... grand père!... je n'en veux pas... gardez-la pour vous... Elle n'est pas à moi...

MARCEL.

Pas à toi!... quand, sans t'en vanter encore, tu l'as obtenue par ton courage! Pas à toi! oh! t'as bien prouvé, au contraire, qu'elle t'appartient et que l'on en es digne, par l'échange que tu voulais en faire avec la liberté du mari de ta sœur, et par le noble sentiment qui t'a empêché de venir la reprendre sur la poitrine de ton vieux père. Oh! pardon! mon enfant, pardon de te l'avoir gardée...

> Air : *En vérité je vous le dis.*
>
> Croyais-tu, pour agir ainsi,
> Que ton bonheur me ferait d'la peine;
> Non, cette croix n'est pas la mienne,
> Mais elle me décore aussi.
> Que j'attache à ta boutonnière,
> Ce gage saint et révéré,

(*Il baise la croix et l'attache sur la poitrine de Julien.*)

> De la main de ton vieux grand-père,
> Cher enfant, te v'la décoré.

JULIEN.

Mais vous pleurez, grand-père!...

MARCEL.

C'est pas d' chagrin, c'est d' gloire pour nous tous. La croix d'honneur sur la poitrine du plus jeune décore toute la famille.

JULIEN.

Eh bien!... tant mieux, ça me contrariait de l'être tout seul.

LES MÊMES, SOLDATS DE LA GARDE MOBILE, VOISINS ET VOISINES

CHŒUR.

Air du premier acte.

> Joyeux enfants de la garde mobile,
> Soldats de seize ans, si nous sommes encor' bien petits
> Nous grandirons, Paris est notre ville,
> Et nous désirons voir grandir notre Paris.

(*Pendant ce chœur Julien reçoit les félicitations de ses camarades.*)

JULIEN, *au public.*

> Ah! quel beau jour!

MARCEL, *de même.*

> Mais pour deux militaires.
> Un' croix, c' n'est guère...

JULIEN.

> Messieurs, à votre tour,
> Ayez bon cœur;
> Décorez mon grand-père....

MARCEL.

> Un' lettre du parterre,
> C'est notre croix d'honneur.

REPRISE DU CHŒUR.

Joyeux enfants, etc., etc.

FIN.

www.ingramcontent.com/pod-product-compliance
Lightning Source LLC
LaVergne TN
LVHW021805060726
842528LV00003B/1147